AF307992

Rolf Friedrich Schuett

Natur, Gesundheit, Glück und Philosophie

Undankbare Gedanken, urgeteilte Urteile

Rolf Friedrich Schuett

Natur, Gesundheit, Glück und Philosophie

Undankbare Gedanken, urgeteilte Urteile

Books on Demand

Bibliographische Information Der Deutschen Bibliothek:
Die Deutsche Bibliothek verzeichnet diese Publikation
in der Deutschen Nationalbibliographie; detaillierte
bibliographische Daten sind im Internet abrufbar über
http://dnb.ddb.de

Copyright © 2021 Rolf Friedrich Schuett

Herstellung und Verlag :
BoD – Books on Demand, Norderstedt

Printed in Germany

ISBN 978-3-7519-9900-7

INHALT

Philosophen mussten in der Antike auch Sklaven-
halter und wollen in der Neuzeit nur Staatsdiener
sein. Philosoph : der erste Kultivierte im Dschun-
gel und der letzte Wilde in Zivilisationen.

Für Elke

„Stadt der Zukunft" oder Zukunft statt Stadt?

Die Frage nach der *Stadt der Zukunft* fragt wohl nach der Zukunft der Großstadt, der *Metropole*, die eigentlich „Mutterstadt" statt Vaterstadt ist. (Aber eine *Muttersprache* gibt es, eine *Vatersprache* ist keine Fremdsprache nur in angefeindeten monotheistischen Patriarchaten.)

Die Stadt ist eine größere Ansiedlung mit eigenem Marktrecht und relativer Selbstverwaltung und Selbstversorgung im Schnittpunkt vieler Verkehrswege. Schon etymologisch ist sie eine „Stätte", die stillsteht und ihren Standort nicht verändern kann, eine Art von *perpetuum immobile*. Doch je mehr sie auf der Stelle steht und tritt, desto hektischer rührt es sich in ihr. Sie ist gleichsam eine rasende Raststätte, ein ewig hektischer Stillstand voll von Wohnstätten, Arbeitsstätten, Raststätten und Vergnügungsstätten.

Aber ob der Bauer nun raffgierig verstädtern oder der Städter raus aufs Land und verbauern will, die Stadt der Zukunft hat gleich alles an Ort und Stelle. Die Weltstadt wird quirliger Stumpfsinn aus Stein, Glas und Krach, also globalisierte Provinzialität. Die Stadt als "Brutstätte des Lasters und der Lotterlust" hat ausgedient, seit sie Rennbahn der Lastwagen und Gewinnverluste wurde.

Es gibt verschiedene Szenarien der Stadtplaner, die unsere Metropolen nicht einfach naturwüchsig explodieren lassen wollen, wenn diese wild ins Umland hineinwuchern, ganz ohne Stadtgrenze und Stadtmauer. Aber alle mir bekannten Zukunftsszenarien machen aus Städten organisierte Stätten wüster Verwüstung, also Gegenteile von Wüsten, den irdischen Wohnorten Gottes.

Die beliebtesten Zukunftspläne für die Stadt sind technische Science-Fiction, wo etwa futuristische Verkehrsfahrzeuge mit exotischen Antrieben in verdorbene Stadtlüfte ausweichen, weil am Boden oder untertage kein Platz mehr ist, oder ähnlich kindische Gadgets, die man „Fortschritte" nennt. Wohnstätte und Arbeitsstätte sollen innerhalb der Stadt mal getrennt bleiben, mal im *Home-office* und *Home-scooling* zusammenfallen. Jedes Städtchen will *urban* werden, also bis an den Stadtrand vollgepackt mit anregenden sozialen und kulturellen Begegnungsstätten für überviele Bewohner auf engstem Seuchenraum. Zugleich soll viel frisches Grün zwischen viel grauem Beton wachsen.

Die „Stadt der Zukunft" hat keine Grenze zum Umland mehr, sondern das grüne Umland innerhalb des Stadtgebietes angesiedelt. Sie ist ein autonomer Stadtstaat im Staate mit integrierter Land(wirt)-

schaft. Irgendwann werden Bauern innerhalb der Mega-Cities ihre Felder zwischen Wolkenkratzern pflügen und der tiefe Wald im Hochhäuserwald und Häusermeer blühen. Wird die Kluft zwischen Stadt, Land und Fluss eines Tages aufgehoben in einer digitalglobaldörflichen Weltstadtlandschaft?

Kurzum : Landpomeranzen sind nicht mehr langweilig, schwerfällig und zurückgeblieben, sondern so spritzig, fortschrittlich, kess, vive, kreativ und auf Draht (oder an Drähten) wie die Hauptstadt-Fuzzis, und diese werden schollennah urverwurzelt wie die kerngesunden Kuhstallreiniger. Viel Stallgeruch soll in die stickige Stadtluft, die bekanntlich frei macht, egal wovon, und sei es dumpfer Hosenstallgeruch.

Das Schönste am Stadtleben der Zukunft wird die anonymisierte Einsamkeit innerhalb aller aufgedrehten Gemeinsamkeiten sein. Das ganze Sozialklimbim voller Plingpling enthielte die Chance für unbe(ob)achtete Inseln dezentralisiert weltlicher Mönchszellen voller Grabesstille im Tumult aller Ballungszentren. Das Stadt der Zukunft wird die „verwaltete Welt“ *(Max Horkheimer)* in höchster miniaturisierter Konzentration sein, aber wird es gerade in ihr diese freien Monasterien noch geben und das herrische Bedürfnis danach? Oder nur noch arbeitshausspiegelnde Entspannungs- und Erholungsstätten, Wellness- und Fitnesscenter? Anders ausgedrückt : Von der Stadt der Zukunft ist wenig

Gutes zu erwarten und alles Schreckliche zu befürchten.

Die Zukunft der Stadt ist nicht die *Stadt der Zukunft,* sondern hoffentlich ihr winselnder Zusammenbruch an den eigenen sprengenden Widersprüchen. Dazu wären kein Atomkrieg und keine Horror-Pandemie nötig. Die schönsten Stadtutopien sind Naturdystopien. Zugepflasterter Meeresstrand? Die Wildnis wird einst die Autostraßen zurückerobern, und ein Geistesnomade wie ich wird das Ende aller sesshaften Hochkulturen und stadtbürgerlichen Burgfestungen bejubeln, die uns längst über den Kopf gewachsen sind. Von den Städten wird bleiben der Wind, der durch sie hindurchging, prophezeite *Brecht.* Alle städtischen Veranstaltungen sind geistige Verunstaltungen. *Chesterton* schrieb, dass jede Familie der Welt ein eigenes Häuschen und eine einzige Kuh brauche, mehr nicht. Das Mittelalter hätte diesen Wunsch verstanden, die heutige Citykultur versteht nur Bahnhof und gibt ihr dafür alles, was sie gar nicht will.

Die weltmeisterlichen Höhepunkte der Geistesgeschichte hierzulande fanden nicht in einem durchdigitalisierten Megapolis statt, sondern in damals winzigen Provinzkaffs wie Weimar, Göttingen und Jena. Die automatisierte Frontstadt 7.0 mit Barmherzinfarkt findet wohl nur noch virtuell auf der Webseite der Hölle statt oder stadt.

Glückliche Leute hatten nur Glück

Jemandem Glück wünschen heißt in unserer Welt,
anderen den Tod zu wünschen.

Leben heißt heute Glück, fremdem Unglück
beiwohnen zu dürfen, im Unglück,
fremdes Glück mitansehen zu müssen.

Man kann nicht handeln, um glücklich zu werden,
man muss schon so glücklich sein,
handeln zu wollen.

Mancher wird um sein Glück beneidet,
ist aber nur glücklich, weil er beneidet wird.

Das Beglückendste am Glück
ist sein Mangel an Trivialität.

Aufklärung heißt, daß die Kirchen unsere Sinne
beglücken und Atheisten unserem Unglück
einen Sinn geben wollen.

Glücklich sind nur die, die kein Bedürfnis haben —
nach mehr, als sie ohnehin dürfen.

Sex und Yoga, TV und Sport, Reisen und Basteln
— wie viele Wege es doch gibt, an Künsten und
Wissenschaften glücklich vorbeizukommen!

Wer wissen will, was glücklich macht,
müßte wissen, was der Teufel will.
Wird er deshalb heute geleugnet?

Künstler sind selbstlose Egoisten, die ihren Narzissmus zum Glück nur befriedigen können über Um-
wege, den Narzissmus ihrer Kunden zu befriedigen.

Paranoiker sind nicht geheilt,
wenn sie plötzlich vom Glück verfolgt werden.

Tyrannen haben früher mehr glückliche Ausnahmen
produziert, als ihre Gegner heute zur demokratischen
Regel machen wollen.

Jeder ist seines eigenen Glückes Schmied. Bei vielen
kommt nicht mehr heraus als ein Hufeisen.

Dass die Menschen nicht glücklich werden
mit dem, was sie haben, beweist nicht ihre
Unersättlichkeit, sondern daß sie eigentlich
etwas ganz anderes wollen.

Vergeht die Zeit auch noch so schnell,
es glückt uns doch, sie totzuschlagen.

Die ungenießbarsten Giftpilze sind die Glückspilze.

Glück ist die Verschnaufpause, die das Schicksal
dir zwischen zwei Schlägen lässt zur Regeneration
deiner Schmerzempfindlichkeit.

Je schlechter ihre Ehen sind, desto schlechter
sprechen Laien von ehelosen Priestern,
und Mönche werden am besten verstanden
von glücklich Verheirateten.

Scherben bringen Glück und Glas,
wie leicht bricht das.

Atheismus heißt der Glaube,
dass es Glück bringt, nicht an Gott zu glauben.

Das Unglück will es, dass es fürs eigene Glück
nur noch Goldschmiede gibt.

Zum Faulpelz tut man zu viel,
zum Glückspilz zu wenig.

Sogar dein Glück kann eine List der Macht sein.

Man wünscht uns mehr Glück
als verdienten Erfolg.

Idyllen finden ihr Glück
im eigenen (Blick-)Winkel.

Lieber ein glückloseres Weiterleben
als ein *happy end*!

Das Unglück der Erde
liegt nicht auf dem Rücken der Steckenpferde.

Der Emanzipierte weiß nicht, ob er den freien Sex
glückselig, redselig, mühselig, leutselig, rührselig
oder feindselig sprechen soll.

Der freie Markt verwünscht unglücklicherweise
das wunschlose Glück.

Man sucht das Glück, zu Geld zu kommen,
das bekanntlich nicht glücklich macht.

Geglücktes Leben : Freiwillig ins Unglück
gerannt statt zum Glück gezwungen.

Zu einer glücklichen Liebe passt oft nur einer allein.

Der Böse wird glücklich, wenn ihm alles glückt,
der Gute nur, wenn Gott existiert.

Glücklich werden kannst du mit jedem,
von dem du nichts (mehr) wissen willst.

Unglückliche Liebe wird die glücklichste Ehe.

Bürger versichern sich gegen nomadisches Glück.

Zum Glück ist meine Welt größer als mein Körper
und mein Weltall größer als eure Umwelt.

Kunst entsteht, wenn missglückte Werke Glück
haben. Im Kitsch wird das Gelingen zum Missraten.

Realisten wären ohne die Realität glücklicher.

Die meisten Menschen sind so selten glücklich
wie die *happy few* moralisch.

Der fiktive Nutzen der Neurotechniken
verstärkt den realen Dachschaden der Beglücker
und Beglückten.

Das Glück der Erde liegt auf dem Rücken zu Tode
gerittener Steckenpferde.

Es heißt immer, das Glück sei flüchtig.
Aber nur zu bald ist es wieder hinter Gittern.

Böser Wille hat Glück, Pech hatte guten Willen.

Die Jagd nach dem Glück bringt es zur Strecke.

Zur Strafe aufs Glücksrad geflochten.

Im Konkurrenzkampf beglückwünscht uns der Chef
zu seinem Gewinn.

Glück verkleidet sich als Pech, um zu überleben;
Pech verkleidet sich als Glück, um zu prahlen.

Man hat das Glück, dass man sein Glück
nicht machen kann und muss.

Der Schmied seines Glückes schmiedet
mehr Hufeisen als Pläne.

Was dem Menschen heute alles glückt,
erweist sich am Ende als Schweinerei.

Bestraft werden unglückliche Schinder,
nicht glückliche.

Glücklich wird, wer glücklicher ist als andere.
Sind alle glücklich, ist es keiner.

Die Insel der Glückseligen lag immer im Tränen-
oder Tintenmeer.

Man sucht nun mit Inbrunst in Sex und Geld, was
man mit Glück früher in Gott und der Seele fand.

Pornographen sind nicht glücklicher als Puritaner.
Angst, von Gefühlen überwältigt zu werden,
eint beide.

Die mit der unglücklichen Kindheit bereiten denen
mit der glücklichen Kindheit einen unglücklichen
Rest des Lebens.

Unglückliche nehmen sich nur das Leben,
das ihnen geschenkt wird.

Freiheit heißt, dass Verkehrsunfälle geglückte
Aufstände sind gegen die Verkehrsregeln.

Eher macht Liebe unglücklich als Glück beliebt.

Glück hat oft, wer es verachtet, und selten Pech,
wer es mir wünscht.

Ein Glücks- und Hamsterrad rollt geradeaus,
weil es ein krummes Ding ist.

Wer uns mit Darwin für Ex-Affen hält, hält es
für leichter, ein glückliches Tier als ein geglückter
Mensch zu sein.

Kontrolliertes Aufgeben der Selbstkontrolle
soll Glück bringen.

Um glücklich zu werden, braucht man
zu viel Glück, und um unglücklich zu werden,
zu wenig Unglück.

Glücklich über fremdes Glück
ist meist nur der Glücksbringer.

Jeder ist meines eigenen Glückes Schmied.
(Und das ist meines Schmiedes Glück.)

Weltbeglücker bringen so viel Glück
wie Weltzerstörer und -eroberer.

Glücklich bin ich, wenn alle wissen,
dass ich auch ohne sie glücklich bin.

Liebe deine Feinde – nicht nur in ihrem Unglück!

Solidarisiert uns das Sterbenmüssen mehr als
Besitz, Talent, Charakter, Glück und Unglück?

Begabte sind glücklich,
Glück haben nur Talentlose.

Schließt nicht von schwerer Geburt
auf einen leichten Tod oder von böser Zukunft
auf glückliche Kindheit.

Der Häftling will frei sein, der Freie glücklich,
der Glückliche gefesselt.

Hoffnung schwächt Erinnerung
und das Kinderglück die Greisenangst.

Ein Glück kommt, obgleich man es sucht.

Niederwerfung von Herren glückt nur
als Niederwerfung vorm HErrn.

Um glücklich zu sein, müssen Rindviecher
kein Schwein haben.

Heute ist man lieber freiwillig im Unglück
als zu seinem Glück gezwungen.

Wer glücklich war, ist zufrieden,
doch nur Unzufriedene können glücklich werden.

Macht es glücklicher, Pech zu sehen,
das fremdes Glück voraussetzt, oder Glück
zu sehen, das fremdes Elend voraussetzt?

Zum Glück habe ich keins und bin unterglücklich.

Natur, Umwelt, Halbwelt oder Hinterwelt?

Wer zurück zur Natur will, will zurück
auf die Bäume, wenn es nur nicht der Baum
der Erkenntnis ist.

Die Natur macht keine Sprünge, ja,
aber wer keine großen Sprünge machen kann,
wirkt noch lange nicht besonders natürlich.

FKK. Naturfreunde sind Menschen,
die ihr Feigenblatt mit Nacktheit bedecken.

z.B. das *Buch der Natur.* Viele kennen Bücher
nicht einmal mehr aus Büchern.

Ein Naturalist ist ein Mensch,
der seine Lampe anzündet, bis sie verbrennt.

Treib die Natur mit der Mistgabel aus, sie kehrt
zurück. Aber nicht als Natur, sondern als Mist.

Der Kopf ist auch nur ein Teil der Natur: ihre Natur.

Gott, Natur und Mensch sind tot –
außer in den Köpfen ihrer Todfeinde.

Hätten wir den Atomkrieg doch schon hinter uns
und könnten mit dem einfachen Leben in freier
Natur endlich anfangen!

Gutgeerdete Geistesblitzableiter. Moderne Naturfreunde sind so 'alternativ', dass sie wohl bald nur
noch gegen den elektrischen Strom schwimmen.

Wir behandeln einander so, wie wir die Natur
behandeln, statt sie so zu behandeln,
wie wir einander behandeln sollten.

Wer Wald- und Wiesenansichten
von Wald und Wiesen hat, gilt als Naturschützer.

Das buchstabenlose *Buch der Natur* ist ein Katalog
aller ungeschriebenen Bücher.

Die Natur beherrscht uns durch unsere Illusion,
sie zu beherrschen, doch wir beherrschen sie nicht
durch ihre Illusion, uns zu beherrschen.

„Wirf alle Bücher weg und geh raus in die freie Natur!" „Aber ich lese doch stets im Buch der Natur."

Wenn nun im Himmelsparlament alle Geschöpfe befragt würden : Ob sich wohl eine Mehrheit fände für die Novellierung der Naturgesetze?

Naturfreund werde ich erst,
wenn Kultur uns zur zweiten Natur geworden ist.

Seinen Stammbaum führt der Deutsche auf Mutter Natur und Vater Staat zurück und seinen geistigen Stammbaum bis auf seinen Doktorvater.

Ich habe im Unterbewusstsein nicht diese Sauereien der Psychotherapeuten : Ich liebe Mutter Natur, und Gottvater ist für mich schon lange gestorben.

Einst floh der Mensch vor seinesgleichen in reine Natur. Wohin flüchten, wenn er immer natürlicher lebt?

Die Gesellschaft macht den Menschen zu dem,
der sie so macht, wie sie ist. Oder macht er sie so,
dass sie ihn zu dem macht, was er von Natur aus ist?

Wunder sind jene Selbstverständlichkeiten,
die die Wunder der Natur aufheben.

Die Natur verbirgt vor uns viel weniger
'Dinge an sich' als die Gesellschaft.

Unsere Sinne sind immer noch offen für die freie
Natur : Wir haben Tomaten auf den Augen
und Bohnen in den Ohren.

Natürlich sind Rechte für das Naturrecht :
Nichts ist straffer organisiert als das organisch
Gewachsene.

Religionen sind Vaterschaftsklagen, die Mutter
Natur wegen der Menschenkinder anstrengt.

Die Natur des Kopfes ist der Horror des Vakuums
vor der Füllung.

Seit Jahrtausenden gibt die Natur mathematische
Antworten auf unsere mythologischen Fragen, und
wir merken gar nicht, dass wir inzwischen auf mathematische Fragen poetische Antworten erhalten.

Natürlich ist am Menschen nur die Mordlust,
un(ter)natürlich nur die Religion.

Kultur besteht neuerdings aus dem Stolz,
vor lauter Natürlichkeit gar keine nötig zu haben.

Unsere modernen Mönche fliehen die Versuchun-
gen des Geistes, kasteien ihren Kopf und verteufeln
die fleischlosen Genüsse intellektueller Naturtriebe.

Über mich weiß ich fast alles und tu es nicht,
aber der Natur tu ich umso mehr,
je weniger ich von ihr weiß.

Ordnung ist ein Zustand, in dem das natürliche
Chaos durcheinandergeraten ist.

Freie Natürlichkeit ist meistens
nur ungezwungene Geistlosigkeit.

Für Ärzte ist Tod die natürlichste Sache der Welt.

Ich kam zur Welt und nicht zur Umwelt
und erblickte das Licht der Unterwelt.

Physiker novellieren Naturgesetze inzwischen
so oft wie Politiker die Strafgesetze. Aber mancher
Strafverfolger ruht fast so, als wäre er der Natur-
gesetzgeber.

Die Natur, die ich erlebe, kann der Physiker nicht
erklären, und die er erklärt, ist so wenig erlebens-
wert wie Innenleben, das der Psychologe versteht.

Der leibliche Vater bildet den lachenden Dritten
im Bunde von Weib und Kind wie der himmlische Vater im Bunde von Erdensohn und Mutter
Natur.

Ich bin ebenso enttäuscht, wenn ein Naturobjekt
sich als Kunstprodukt erweist wie ein Kunstwerk
als Fälschung.

Seit Technik die Naturbeherrschung übernahm,
ward Kultur ein arbeitsloses Hobby.

Die Natur(wissenschaft) bestimmt mich dazu,
meine Selbstbestimmung als Fremdbestimmung
zu erkennen, die Kultur bestimmt mich dazu, meine
Fernsteuerung als Selbststeuerung anzuerkennen.

Leben war mal Übergang von Mutter Natur
zu Mutter Kirche und ist nun ein Wechsel von
Abrahams Schoß zum Schoß der Gesellschaft.

Naturtalente schaffen die Kultur,
Kulturämter die Naturtalente.

Menschliche Freiheit ist so zwingend notwendig
wie strikte Kausalität der Natur eine freie Willkür
Gottes.

Mein Wille wird von Naturgesetzen dazu bestimmt,
vorbestimmt zu sein, und von Kultursatzungen dazu
bestimmt, selbstbestimmt zu leben.

Es ist Natur, Kultur zu erschaffen, und eine Kultur-
leistung, (Un-)Natur zu schaffen oder abzuschaffen.

Als Genie gilt, wer einer Gesellschaft unterlegen ist,
der er von Natur aus überlegen ist.

Außer Hochwohlgeborenen möchte jeder
das Verdienst über die Geburt siegen lassen
und vergisst leicht, dass ein Naturtalent selbst
ein Privileg der Geburt ist.

Naturwissenschaft und Technik erheben den
ehrwürdigen Anspruch auf die einzige Tradition,
die alle anderen Traditionen aufhebt.

Die Gesellschaft macht mit der Allgemeinheit,
was die Natur mit der Gattung treibt –
das Individuum zu verbrauchen.

Ihren Wert fürs Leben haben Naturwissenschaften
im Kaufpreis technischer Produkte, ihren *Sitz im
Leben* die Geisteswissenschaften in den Karriere-
kosten ihrer Doktoranden.

Gott in der Natur? Wer sie beherrscht,
beherrscht nicht Ihn.

Durch rosarote Brillen sieht grüne Natur
kackbraun aus.

Wir müssen intelligenter sein als die Natur,
um etwas von ihr erkennen zu können,
doch in ihr steckt mehr Intelligenz versteckt,
als wir von ihr erkennen können.

Augen zeugen *von* weil *mit* Mutter Natur.

Physik : Neugier der Natur in uns
auf die unbelebte Natur um uns.

Naturwissenschaftler beweisen immer neu, dass
sie Gott und Seele wieder nicht finden können.

Die Gleichheit ist ungerecht gegen den Begab-
teren, und das Naturtalent ist ungerecht gegen
den Unbegabten.

Von Gleichheit und Gerechtigkeit, von Frieden
und Freiheit träumt, wer von keinem besonderen
Naturtalent nachhaltig gefesselt ist.

Die Natur wird beherrscht von der Natur-
begabung, auch Naturtalente zu unterjochen.

Naturforscher fahnden nach letzten materiellen
Ursachen aller Phänomene, als wäre die fass-
liche Materie letztlich nicht mysteriöser
als eine unfassbare Intelligenz.

Naturalisten überwinden Idealisten,
weil Niedertracht die Verstiegenheit unterbietet.

Unser Hirn mag ja bestimmen, was wir von
der Natur erkennen können, aber was das Gehirn erkennen kann, wird umgekehrt von
der Natur bestimmt, aus der es sich ent-
wickelte. Wahrheit ist Übereinstimmung des
Hirns, das unsere Naturbilder produziert, und
der Natur, die unsere Hirne produziert hat.

Wer die Natur wissenschaftlich technisch
beherrscht, macht sie zunichte, so dass er
über nichts, also gar nicht herrscht.

Wenn nur die Besten und nicht nur der gute Wille
uns regieren dürfen, siegt das Naturtalent
über Vernunft und Gerechtigkeit.

Mutter Natur entwickelt sich höher, Popkultur
verwickelt sich darin, uns ein- und abzuwickeln.

Umweltschützer haben von Natur aus
einen so hohen chemischen Reinheitsgrad,
dass sie vor einem Chemiestudium geschützt sind.

Was ein Physiker über die Natur sagt,
sagt wenig über ihn. Was du von dir denkst,
sagt mehr über die Welt.

Die Naturgeschichte hat mit der Weltgeschichte
ungefähr so viel zu tun wie ein Naturtalent
mit der Physik.

Du betrachtest eine Naturgeschichte in Jahrmillionen, als wäre sie von Gott entworfen, behandelst
eine Weltgeschichte von Jahrtausenden, als wäre
sie von Menschen gemacht, und hast eine Lebens-
geschichte von Jahrzehnten, als wäre sie erfindbar.

Geständnis unter Folter hat keine Beweiskraft, doch
auch Mutter Natur gibt unter Experimenten alles zu,
was Physiker von ihr wissen wollen.

Naturgewalt ist nur zu mildern durch Kulturgewalt
und umgekehrt, doch wird beides verstärken,
wer beides vermindern will?

Kultur teilt sich in Arme und Reiche,
damit Natur sie nicht in Kluge und Dumme teilt.

Welt in 7 Tagen konzipiert. Warum soll Gott nicht
geplant haben, kausal, quantenrelativistisch und
evolutionär vorzugehen, mit Startbedingungen und
Jahrmilliarden, Naturgesetzen und Naturkonstanten?

Objektiv ist ein Urteil über Mutter Natur,
das weder ihr noch dir schmeichelt.

Die Grüne Front erklärt den Naturwissenschaftler
zu den Naturkatastrophen, die er verhüten will.

Der Mensch beherrscht wie jedes Tier die Natur,
indem er sich von seiner Naturbeherrschungsart
beherrschen lässt.

Der Mensch macht keine Natur- und Sittengesetze,
Mutter Natur keine Straf- und Sozialgesetze.

Naturforscher trennt von Naturfreunden,
dass sie lieber durch Mikroskope
als durch Schlüssellöcher schauen.

Seit in Naturgesetzen nicht mehr Gottes Spielregeln
erkannt werden, kann keiner mehr das Spiel
abbrechen oder auch nur unterbrechen.

Entstammt das Buch der Natur und das Buch
des Lebens dem Baum der Erkenntnis
oder dem Baum des Lebens?

Der unfreie Wille stammt von Mutter Natur,
der freie Unwille verdankt sich Gottvater.

Wer grundsätzlich nicht naturwissenschaftlich
feststellen kann, ob sein Wille frei ist, hat damit
nicht festgestellt, dass er nicht frei ist.

Dass die Natur ein Teil der Geschichte ist,
ist ein Teil der Natur, lehrt die Geschichte.

Evolution. Die Einfälle der Künstler und Techniker
verbessern in wenigen Jahren, wozu die Zufälle der
Natur Jahrmillionen brauchen.

Kants Mutter Natur macht eine glänzende Erscheinung und hat nichts mehr vom jungen Ding an sich.

Der Geist weht, wo er will, und Naturforscher messen,
wie eine Fahne den unsichtbaren Sturm peitscht.

Physik zeigt, dass sich die Natur am besten erklären
lässt auf unnatürlichste Weise.

Der Naturwissenschaftler versteckt sich
schelmisch hinter Messgeräten,
um nackte Tatsachen zu überraschen.

Die Natur ist so wenig humanistisch
wie der Mensch physikalisch zu verstehen.

Kult und Abwehr naturwissenschaftlicher Erklärun-
gen sind naturwissenschaftlich unerklärlich.

Inzucht? Adam und Eva können sich *erkennen,*
weil sie verwandt sind als Kinder desselben
Vatergottes oder derselben Mutter Natur.

Ist Logik oder Unlogik die einzige Form,
die Natur und Geist gemeinsam haben?

Erstmals erfahren nun Physiker von unbelebter
Natur mehr als Geisteswissenschaftler von mensch-
licher Natur.

Unsere Naturwissenschaft ist wahrscheinlich wahrer
als ihre Vorfahren und falscher als ihre Nachfahren,
und ihr traut man nun Endgültiges zu?

Ist es bestimmt gut, dass jeder von Natur
zu nichts Bestimmtem gut ist?

Forscher können nicht erklären,
warum sie die Natur erklären können, aber erklären,
wozu sie unerklärlich sein könnte.

Glaubt den Theologen leichter, wer Physiker
nicht versteht, und versteht die Natur schon,
wer Gott nicht braucht?

Wahrheit ist Übereinstimmung des Hirns, das
unsere Naturbilder produziert, und der Natur,
die unsere Hirne produziert hat.

Philosophische Gedanken sind ersetzt
durch umweltanschauliches Geplauder.

Die Welt ist mehr als die Umwelt deiner Umwelt,
die es verd(r)eckt.

Wer Windparks sät, wird Maschinensturm ernten,
und Wichtigtuer allein oft halten sich für Wald-
und Klimakiller.

Was das Hirn über sich selber denkt, passt sich
einer Umwelt an, die überhaupt nicht nachdenkt.

Wittgenstein 2020. Die Umwelt ist alles, was der
Abfall (von Umweltschützern) ist. Die Scheinwelt
ist alles, was der Beifall und der Reinfall ist.
Die Unterwelt ist alles, was der Überfall, die Falle
und das Fallbeil ist. Die Hinterwelt ist notfalls alles,
was kein Fall für Philosophen mehr ist. – Nachwelt
zwischen Einfallschirm und Durchfallgrube?

Die meisten gesellschaftlichen Projekte schänden
nicht Ökobiotope, sondern heilige Stätten.

Gegen wie viel Asoziales muss abstumpfen,
wer ökosensibel sein will?

Sollte grüne Ökologie nicht immer rote Ökonomie
nur verhindern?

Über Weltverbesserer wird gelacht,
warum nicht über Umweltverbesserer?

Forscher erleben jetzt ein wärmeres Klima,
andere ein schlechteres Wetter.

Der nächste Klimahandel und -wandel bringt
den neuen Eiszeitgeist.

Das Klima könnte sich auch erwärmen,
weil wir langsam zur Hölle fahren.

Sogar das Naturrecht ist heute natürlich
auch nur zurechtgemacht.

Modern wird jeder, den die Natur weniger prägt
als die Naturwissenschaft.

Wenn die Natur mal täte, was wir dauernd tun,
gäbe es sie gar nicht.

Wer sich mit der Natur nie vertraut macht,
bleibt ihr unbekannt.

Ökologie hat todsichere Mittel gefunden,
die menschliche Natur nicht zu gewahren
und die Umweltschützer zu schützen.

Lässt sich Mutter Natur samt purer Intelligenz
aus Quarks und Superstrings zusammenbetteln?

Die Kirche beschränkte die Inquisition auf ganz
bestimmte Menschen, die Naturwissenschaft weitete
sie auf alle Leute aus.

Die bizarrsten Romane und Philosophien von
Genies sind uns vertrauter und verständlicher
als die einfachsten Naturgesetze des Schöpfers.

Naturforscher glauben, dass die Atome,
aus denen wir bestehen, aus ebenso viel Nichts
bestehen wie entstehen.

Naturschutz schützt auch vor Kultur
oder Kultur vor.

Das Unnatürlichste von der Welt
sind naturalistische Naturwissenschaften.

Man zerlegt Mutter Natur in stets kleinere Teilchen
und größere Kräfte, aus denen sie nie bestand.

Die Gesellschaft entwickelt sich,
bis sie in Soziologie aufgeht wie die Seele
in Psychologie und die Natur in Physik.

Gottes Freiheiten liegen nicht
in Naturgesetzeslücken.

Der Mensch ist von Natur aus gut.
Wenigstens im Lügen und Betrügen.

Alte Naturfreunde backen sich auch ihr Gnadenbrot
lieber selbst.

Das *Buch der Natur* genoss mal
Urheberrechtsschutz.

Realismus ward unsere einzige Realität,
Naturalismus unsere Natur.

Einst war Natur ganz unmoralisch,
nun ist Unmoral ganz natürlich.

Der Kopf schmerzt von Nebenwirkungen
der Seelen- und Naturheilmittel.

Naturwissenschaft unterjocht die große Natur,
Geisteswissenschaft den großen Geist.

Sind Logiker Naturwissenschaftler des Geistes
oder Geisteswissenschaftler der Natur?

Naturforscher sind oft geistreicher als Geisteswissenschaftler, die nur ihrem Naturell folgen.

Die Kultur überwuchert die Natur so
wie ein Urwald die Zivilisation.

Naturforscher glauben,
durch technische Anwendung ihrer Entdeckungen
schon praktisch zu handeln.

Physik verhört Mutter Natur,
als wäre die Gesetzgeberin Gesetzesbrecherin.

Ich fürchte nur die Angst der Umwelt(vor)schützer
vorm Waldsterben.

Kultur : Vom Weltbild über Weltschnappschüsse
zum Umweltvideo.

Gold wirkt nicht echt,
saubere Umwelt nicht natürlich genug.

Computer wollen das Klima in drei Jahrzehnten
wissen und können nicht mal das Wetter in drei
Tagen prophezeien.

Da jeder vom Himmel gefallen ist,
passt er nie ganz in Öko-Nischen.

Kant sah der Mutter Natur direkt in sein Auge.

In ein reiches Naturtalent oder in eine reiche Familie
hineingeboren zu sein, ist gleich ungerecht –
gegenüber den Armen im Geiste wie im Beutel.

Du folgst stets nur deiner eigenen Natur, du Sklave?

Kunst übersetzt die Rhetorik der Natur
in die Muttersprache der Notlüge.

Mutter Natur gesteht unterm Verhör nassforscher
Forscher, was immer sie hören wollen.

Die ökonomische Frage ist vordringlich,
die ökologische Frage nur aufdringlich.

Jeder versteht Mutter Natur,
bevor Physiker sie ihm erklären.

Außenwelt und Innenleben unterscheidet man erst,
seit Natur- und Kulturwissenschaften sich trennten.

Als der mittelalterliche Mensch noch im
Mittelpunkt des Alls stand, sah er sich als Nichts
vor seinem Schöpfer. Seit er sich nur noch
als Staubkorn im Unendlichen weiß,
fühlt er sich als Herr der Natur.

Statur macht stolz, Fraktur macht lahm,
Natur macht roh, Kultur macht blass.

Die Gesellschaft entlohnt Naturtalente,
die ihr dienen, nicht Verdienste.

Mutter Natur und Mutter Kirche rennen den Men-
schenkindern hinterher, die ihr den Hintern zeigen.

Erst Weltreligionen, dann Weltkriege,
dann Welthandel, dann Weltkulturerbe und nun
matriarchalische Umweltphilosophie.

Die Natur macht nur Sprünge, auf die wir ihr helfen.

Der *Urknall* kann nicht die Naturgesetze geschaffen
haben, nach denen er abläuft.

Was Naturforscher von unserem Innenleben sagen,
ist so kurios wie das, was wir vom All glauben.

Ein Rechtsstaat ist widernatürlich,
weil gegen das Naturgesetz des Stärkeren gerichtet.

Erdbebenliebhaber sind die wahren Naturfreunde.

Kultur könnte eine Oase in natürlichen Wüsten, die
Natur eine Oase in zivilisierten Verwüstungen sein.

Der freie Mensch folgt sklavisch seinen Vorlieben,
der begabte seinen Naturtalenten.

Mathematik, angewandt auf Natur, ist Physik,
angewandt auf Sprache, ist Logik, und angewandt
auf Ethik ist wertfrei oder wertlos.
Ist Ethik nur angewandte Theologik?

Ans Naturgesetz muss man,
ans Strafgesetz soll man sich halten.

Wer zu viel Seele in der Natur entdeckt,
behält davon zu wenig übrig in sich selbst.

Die *Umwelt* ist die moderne religiöse Hinterwelt,
und ein Umweltall gibt es nicht.

Die ganze Welt schützt nicht vor Umwelt
und Umweltvorschützern.

Vor 10.000 Jahren schimpften Nomaden
und Ackerbauern einander Umweltverbrecher.

In der Physik geht es logischer zu
als in der Logik mit natürlichen Dingen.

Sind Kulturwissenschaftler kultiviert,
Humanwissenschaftler allzu menschlich,
die Geisteswissenschaftler geistreich, Soziologen
gesellig, Physiker Naturburschen, Biologen
ernsthaft lebenslustig, und haben Futurologen
eine Zukunft?

Der natürliche Nutzen von Kultur liegt darin,
praktisch unnütz zu sein.

Der Zerfall ist die natürlichste Form der Analyse.

Kultur ist nicht über- oder widernatürlich
und Natur keine Subkultur.

Künstler müssen künstlich wirken, um natürlicher
zu sein als übrige Kunststoffmenschen.

Kunstvoll künstliche Verdummung
hat die natürliche Intelligenz sehr schlau ersetzt.

Ist Demokratie die Diktatur von Herkunft,
Geld und Naturtalent?

Ist das *Buch der Natur* ein Physiklehrbuch?
Mutter Natur sitzt wahrhaft zu lange in U-Haft.

Alles in der Natur ist vergänglich.
Unsere Natur ist es, das zu beschleunigen,
um selber langsamer zu vergehen.

Zurück zur Natur – zum Fressen
und Gefressenwerden?

Sind wir zu hart zur zarten Leihmutter Natur
oder zu mild zur wilden Rabenmutter Natur?

Jeder ist von Natur ein Fallensteller,
doch von Kultur ein Schrift- und Fragensteller.

Trotz der Natur dein Überleben ab
und der Kultur deine überlegene Überlegung!

Darf Kultur nie mit Norm und Moral quälen,
muss Natur stets mit Flut und Hunger quälen.

Wer von Hochkultur nicht bedrückt wird,
wird von Rabenmutter Natur gefressen.

Der billige Angriff auf Naturplünderung
ist Angriff auf teure Naturwissenschaft.

Als *Frau Welt* und *Mutter Natur*
wird Realität etwas erträglicher.

Sucht nach heiler Um- und Dummwelt
scheint unheilbar.

Der beste Umweltschützer ist der Konsummuffel,
also Antikapitalist plus Antisozialist.

Verbessert die Umwelt : Werdet böser!
Bessert euch : Macht die Mitwelt schlecht!

Naturreservate vernichten, was sie retten
wollen, durch die Art, es ein letztes Mal
vorm Ende zu genießen und zu erforschen.

Sucht die Natur im *Unbewussten* menschliches
Selbstbewusstsein rückgängig zu machen?

Konventionen des Kosmos
sind Naturgesetze der Kultur.

Naturtalente sind Naturprivilegien
gegen Sozialprivilegien.

Deine Seele ist die Außenseite der Mutter Natur,
deren Innenleben deine Außenwelt ist.

Die Kultur lässt auch die überleben, die von Natur
aus untergehen würden, aber rettet Mutter Natur
umgekehrt die gesellschaftlich Ausgeschlossenen?

Ich kenne keine Klassen und Parteien mehr,
nur noch arme Umweltopfer?

Naturwissenschaftler wissen nichts, was sie nicht
messen, aber messen nichts, was sie nicht wissen.

Die Natur mag ein Buch sein, doch sie liest in uns.

Wer macht die Natur nicht kulturgetreu nach?

Philosophie ist Denken im Sonntagsstaat
oder Liebe zu einer Dirne namens Sophie

Die Fähigkeiten, um mit Philosophie sein Geld
zu verdienen, sollten dafür schon disqualifizieren.

Politik heißt, philosophische Fragen
durch ständige Realisierung abzuwehren.

Sie leben weniger nach als von ihrer Lehre : Der
Wahrheitsgehalt einer Philosophie ist umgekehrt
proportional zum Jahresgehalt des Philosophen.

Philosophen sind immer überflüssig:
Entweder sind sie deiner Ansicht oder nicht.

Philosophie beruht auch auf dem Fehlschluss,
dass Reiche mit der Armut mehr anfangen könnten
als Arme mit dem Reichtum.

Ein guter Philosoph hängt seinen Gedanken nach
jeder Windstille und ist ein Mensch,
der sich nicht nur seinen Teil denkt.

Philosophen gelten schon als dunkel,
weil sie uns klar machen, warum uns eigentlich
klar ist, dass $1 + 1 = 2$ ist.

Wenn Philosophen regieren,
kann Gewalt sich rechtfertigen.

Moralisch handeln nur noch Philosophen,
die über Meta-Ethik diskutieren,
aber interdisziplinäre Expertenkommissionen
ersetzen keine Allgemeinbildung.

Philosophie :
Hintergedanken sind der Hinterwelt Lohn.

Ein Philosoph darf sich nicht durchsetzen. Er muss
den Kopf über der eigenen Verwässerung halten.

Philosophie ist eine Alternative zur bloßen Alternative von materialistischen Reden über Geister
und geistreichen Reden über materielle Dinge.

Das ist Anfang und Ende der Philosophie :
Du stutzt — anderen die Flügel.

Erst kommt das Fressen, dann die Philosophie
des Fressens und das Scheißen auf die Mm-oral.

Ein Philosoph ist ein Mensch, der andere lieber
im Denksport schlägt als im Affekt.

Wer sich für die Idee opfert, dass keiner für Ideen
sterben soll, war ein Philosoph.

Wer Froschkönigperspektiven aus Vogelscheuchen-
perspektiven betrachtet, ist noch kein Philosoph.

Nur die Leidenschaft für Vernunft
geht mit den Philosophen nicht mehr durch.

Jede Philosophie ist so wahr, dass nicht einmal
ihr Gegenteil falsch ist, und zugleich so sinnlos,
dass nicht einmal ihr Gegenteil mehr Sinn macht.

Moderne Gespräche sind di-alogisch, philosophische
Touristen erleben auf jedem Gebiet heute kostenlos
die tollsten Frag- und Denkwürdigkeiten.

Ein Philosoph blutet nicht durchs Leben.

Für physisch Arbeitende gehörte Metaphysik
zur physischen Erfüllung und physische Erfüllung
zu den metaphysischen Dingen.

Neuigkeiten werden langweilig. Das Freizeithobby
guter Journalisten sind Metaphysik
oder ewige Unwahrheiten.

Der Metaphysiker ist totgesagt und totgeschwiegen.
Er arbeitet für seine geistige Existenz mehr
als für die physische Existenz anderer.

… und führe uns nicht in gentechnische Versuche
und philosophische Experimentalessays darüber!

Wissenschaftsgeschichte besteht aus überholten
Forschern, Literaturgeschichte aus nicht mehr
gelesenen Autoren und Philosophiegeschichte
aus noch unverstandenen Werken.

Das 21. Jh. will die Probleme genetisch lösen,
die technische Lösungen des 20. Jhs. aufwarfen für
soziale Probleme des 19. Jhs., als die Lösung metaphysischer Probleme moralische Probleme bereitete.

Wissenschaft sucht die Lösung aller Rätsel,
Philosophie findet das Rätsel aller Lösungen.

Kunst erschafft, was sich durch Begriffe nicht
vernichten lässt; Philosophen erkennen, was sich
durch Künstler / Techniker nicht erzeugen lässt.

Kultur war der Weg von Hysterie, Zwangsneuro-
se und homoerotischer Paranoia zu Kunst, Religion und philosophischem System – und zurück.

Philosoph ist ein Mensch, der alles, was uns
handgreiflich überwältigt, begrifflich bewältigt,
ohne dass er aufhört, sich vergewaltigt zu fühlen.

Psychologie entstand, als die Seele sterblich
wurde, Philosophie blühte auf, als das Wissen die
Weisheit verdrängte, und Kunst kam von Können
als man nichts mehr von der Welt verstand.

Kunst kommt von gekonnter Impotenz, Musik von
zugedröhnter Taubheit, Literatur von beredtem
Schweigen, Malerei von blinder Sehenswürdig-
keit und Philosophie von schlauer Unwissenheit.

Ob wir *vor-* oder *nach-* oder *antimetaphysisch*
denken, ist eine metaphysische Entscheidung.

Als die Griechen Sklaven hatten, philosophierten
sie. Obwohl die Deutschen Maschinen haben,
philosophieren sie nicht.

Religion und Philosophie differieren darin,
dass das Höhere sich dem Niederen opfert
oder verdankt.

Philosophie löst uralte Probleme dadurch,
dass sie brandneue entdeckt.

Wenn Politiker, Philosophen und Journalisten
argumentieren, überzeugen sie eher davon,
mich überredet zu haben, als dass sie mich
überreden, überzeugt zu sein.

Die Philosophen können die Welt nicht mehr
anders interpretieren, es kömmt ihnen deshalb
darauf an, ihre Umwelt zu verändern.

Die Unterwelt, Nachwelt und *Hinterwelt* ist alles,
was kein Fall für Philosophen mehr ist.

In manchen Philosophien kann ich schwer unter-
scheiden zwischen einem Beweisgrund, der mich
überredet, und einer Rhetorik, die mich überzeugt.

Eine Philosophie kann nichts verstehen, sobald
sie selbstverständlich wird, aber einiges erklären,
solange sie einigermaßen unerklärlich bleibt.

Philosophen haben meine Welt bisher nur
verschieden interpretiert; es kömmt ihr aber
darauf an, die Philosophen zu verändern.

Wir Nichtphilosophen haben unsere Welt bisher
nie interpretiert; es kömmt aber darauf an,
uns nicht verändern zu lassen.

Ernster mit dem *linguistic turn* in der Philosophie
machten Heideggers Etymologien
als Wittgensteins Sprachspiele.

Philosophie treibt Probleme in Wissenschaften
oder dorthin, wo keine Wissenschaft sie
– bisher oder jemals – behandeln kann.

Philosoph : Weltbeleuchter als Blickwinkeladvokat.

Philosophie ist Intuition oder Produktion
in der Maske der Deduktion oder Abduktion.

Erst steht der Philosoph starr vor Staunen,
dann starrt er auf seine erstarrten Begriffe.

Philosophischer Logos war nicht der Weg von
religiösen Mythen zu wissenschaftlicher Logik und
blieb von Künsten durch Begriffsanalysen getrennt.

Der Systemkritiker war ebenso viel besser als der
Aphoristiker Adorno wie der Musikphilosoph besser
als der Komponist Adorno.

Vergessene Binsenweisheit von gestern
ist Fachphilosophie von morgen.

Platon hielt Philosophen für nomadische Jäger
und Sammler, nicht für sesshafte Ackerbauern
und Viehzüchter des Geistes.

Romantik, poetische Einbildungskraft plus
philosophische Urteilskraft, will bestimmen, warum
etwas unbestimmbar ist, und gibt sich Rechenschaft,
warum es kein Rechner schafft.

Der Philosoph fasst unsere Tomaten auf den Augen
ins Auge und seine Bohnen in den Ohren.

Der Philosoph kommt aus dem Staunen nie heraus,
in das der Sophist nie hineinkommt.

Philosophie ist ein gelöstes Sprechen
über Probleme, die durch Sprechen zu lösen sind.
Schon Miteinandersprechen macht sie unlösbarer.

Philosophie entsteht auch, wenn der menschliche
Kopf zum Gegner seines eigenen Inhalts wird
und seinen Feind lieben soll.

Wissenschaft spricht objektiv über Objekte,
Philosophie subjektiv und objektiv über Subjekte,
Literatur subjektiv über Subjekte und Objekte.

Ein Philosoph geht der Welt im Ganzen
auf den Grund, ohne zu(m) Grunde zu gehen.

Philosophie gibt es seit 2500 Jahren,
weil kein Gedanke zu Ende gedacht ist und,
ob er zu Ende gedacht, nicht zu Ende geprüft.

Philosophen machten aus ihrer Armut mehr
als Denkbeamte heute aus ihrem Reichtum.

Das 20. Jahrhundert hat mehr Grauen als Kultur
hervorgebracht: Religion, Musik, Malerei, Skulptur,
Architektur, Literatur, Philosophie waren zweitklas-
sige und gutgemeinte Aufgeregtheiten ohne Zukunft

Der Philosoph fällt in Brunnen über das Nächst-
liegende, die Sterne, wenn er bedenkt,
was ihm am fernsten liegt, sich selbst.

Philosophie fängt immer wieder von vorn am,
um nicht am Ende zu sein, und mit dem Schluss,
um zum Ursprung zu kommen.

Was man nicht weiß, nennt man Religion,
Philosophie oder Wissenschaft.

Gute Zeiten für Philosophen :
schlechte Zeiten für Philosophie.

Ein Philosoph wird von Vater Staat dafür bezahlt,
dass er mit der reinen nackten Wahrheit schläft,
ohne sie zu heiraten und zu schwängern.

Die Philosophen stellen keine Fragen mehr, die kein
anderer beantworten könnte, sondern beantworten
Fragen, die kein anderer stellen würde.

Philosophen denken sich eine Welt aus,
in der unsere Paradoxe so trivial würden
wie unsere Selbstverständlichkeiten widersinnig.

Philosophie denkt, dass in einer Sache mehr steckt
als in allen Philosoph(i)en.

Meine Philosophie hat System :
ein systematisches Verschwiegensein.

Welche Philosophie regt eher an zum Überlegen
als zum Auslegen?

Soll man Philosophien logisch formalisieren
oder Logikkalküle philosophisch interpretieren
oder weshalb beides unterlassen?

Der alte Grieche hatte Sklaven, damit er ruhig
philosophieren konnte. Der junge Europäer hat
Maschinen, damit er sie hektisch bedienen kann.

Philosophen denken kaum noch,
sie handeln nur noch. Mit Begriffen.

Was philosophische Aphorismen zum System verbindet, ist sophistischer Mörtel; was philosophische Systeme sprengt, ist aphoristische Sophistik.

Der Philosoph ist ein Psychiater, der Geisteskrankheiten diagnostiziert, wo andere den gesunden Menschenverstand sehen – oder umgekehrt.

Philosophische Gedanken sind so tief wie unser Schlaf, unsere Seufzer und Gottes Schweigen.

Nietzsche *philosophierte mit dem Hammer*, war der Nagel zu seinem Sarg und traf ihn auf seinen Kopf.

Der Schaden, den Philosophie anrichtet, ist nützlicher als der Nutzen, den Technologie bringt.

Philosophische Urfrage : Liegt die Wesensbestimmung der menschlichen Realität in der Realisierung außermenschlicher Wesensbestimmungen o. u.

Philosophie macht zum Gegenstand,
dass und warum ihr Ursprung oder ihre Vollendung
nicht zu ihrem Gegenstand werden kann.

Denkt der Philosoph mal nach,
wenn er mal nicht philosophiert?

Philosophie : spekulative Gedankenaustauschbörse.

Wer Fachphilosophie verachtet,
muss deshalb noch nicht denken können.

Ist eine Philosophie mehr als Abwehr von allem,
was sich über sie sagen lässt?

Alte Idee in alter Form : Sprichwort.
Neue Idee in alter Form : Philosophie.
Neue oder alte Idee in neuer Form : Aphorismus.

Nietzsche philosophierte bis zuletzt
mit Gummihammer und Satzfeile.

Philosophie war einmal eine Relativitätstheorie
der verabsolutierten Praxis.

Ein schwerer Philosoph ist eine Gänsefeder,
die einen Berg von Problemen aufwiege(l)n will.

Philosophen streiten sich, ob sie sich überhaupt
einigen können, dürfen, müssen oder wollen.

Philosophie : Das Dunkel erleuchtet den Dünkel.

Verführte Platon Jünglinge, um sie zur Philosophie
zu führen, oder philosophierte Sokrates mit ihnen,
um sie ins Bett zu bekommen?

Der Philosoph sucht Weisheit, der Aphoristiker
findet Witz, und der Forscher erfindet Wissen.

Hochkultur widerlegt Kultivierte, Kunst geißelt
Kenner, und Philosophie düpiert Nachdenkliche.

Aus Philosophie entstand Soziologie,
als die Einzelnen vergingen, und Psychologie,
als deren Einheit zerging.

Philosophen denken und Dirnen lieben um Geld.

Physik wird immer metaphysischer,
Philosophie immer handgreiflicher
und Kunst immer anlagefreundlicher.

Die ganze Weisheit reicht nicht
für alle Universitätsphilosophen.

Philosoph(i)en sind keine Denkmäler
für Denkanstöße.

Philosophie beginnt mit dem Staunen über die Welt.
Wir anderen bestaunen die (Welt der) Philosophen.

Philosophie ist nie so stumm und undurchsichtig
wie der Stein der Weisen.

Wer gegen die Philosophiegeschichte dachte,
ist aus ihr nicht mehr wegzudenken.

Seit ihrem *linguistic turn*
finden Denker grammatisch richtige Sätze,
für die sie dann philosophischen Sinn suchen.

Auch Nietzsche und Foucault wollten an die Macht
– durch Philosophien des Machtwillens.

Welcher Uni-Philosoph hat tiefere Gedanken
als seine höchste Besoldungsstufe?

Auch die Philosophen kommen aus dem Staunen
irgendwann heil heraus und ins Grübeln.

Philosophie steht zum Denken
wie Ehe zum Sex oder umgekehrt.

Suche bei Philosophen nur noch Sätze,
die noch niemand je zitiert hat!

Philosophen klären Aufklärer darüber auf,
was Klarheit bedeuten kann.

Philosophie heißt : Worauf es überall ankommt,
kommt nirgendwo an, und worauf es nie ankommt,
kommt immer an.

Pragmatiker denken gewöhnlich viel verrückter,
als Philosophen handeln.

Rede nur einfach drauflos, und es sprechen aus dir
uralte Philosophen und Ideologen, die du gar nicht
kennst.

Sein Gedankengebäude baut der Philosoph
auf Sand, den er ins Getriebe der Triebe wirft
und in den er dann seinen Kopf steckt.

War die Wahrheit mal gefunden,
fing Philosophie erst richtig an.

Poesie und Philosophie haben den herrlichen Sinn
und Nutzen, dass man für Herrschaften sinnlos
und unnütz wird.

Philosophie: Wer Seine Gedanken liest, macht sich
jenen Begriff von Gott, der Seine Existenz beweist.

Nachhaltige Philosophen kämpfen
gegen Hinterweltverschmutzung.

Die *Physik* könnte den Wert haben, ein Leben
zu erleichtern, das sich der *Metaphysik* widmet,
die dem Leben wieder Gewicht gibt.

Philosophen gewinnen alle Denkprozesse,
die sie gegen ihr Thema führen.

Der Satz, dass metaphysische Sätze sinnlos seien,
ist ein sinnlos metaphysischer Satz. (Auch dieser)

Humanwissenschaften waren mit Erfolg
einmal Hilfsdisziplinen der Metaphysik,
heute nicht einmal mehr umgekehrt.

Auch das metaphysische „Dreikörperproblem"
von Gott und der Welt und der Seele in Bewegung
war immer unberechenbar chaotisch.

Dass Gott unerkennbar sei, ist ein unerkennbares
Faktum über letzte Dinge an sich : Ein Urteil, dass
Metaphysik unmöglich sei, ist schon metaphysisch.

Philosophen : Sokrates, Platon, Descartes, Leibniz, Kant, Hegel, Marx, Schopenhauer, Nietzsche, Wittgenstein, Heidegger, Sartre, Adorno

Von Plato bis Schopenhauer : Versteh und entgeh
dem Entstehen und Vergehen!

Descartes 2000 : Ich denke dein, also bin ich dein.

Ich verzweifle, also bin ich noch, und ich gedenke,
also bin ich gewesen. – *Cogito ergo Bumm!*

Descartes 2000 : Cogito, ergo dumm.
Ich denk an dich, also minn ich.

Ich denke, dass ich bin, also bin ich, was ich
denke, und ich denke, ich bin, also bin ich, der
das denkt — dachte Descartes bestimmt nicht.

Descartes? Wer weniger denkt, als er ist,
ist noch nicht mehr, als er denkt.

Adam *erkannte* Eva, die er zum Fressen
gernhatte. Nach Kant aber ist das 'Ding an sich'
unerkennbar.

Seit Kant lässt sich das Meinen und das Sein
schwerer miteinander verwechseln und sehen manche Dinge an sich nur so aus, als wären sie sichtbar.

Kant auf Französisch : Handle nur nach Maximen,
die als Gemeinplätze von morgen gelten können!

Nach Kant holen wir aus der Welt nicht mehr
heraus, als wir zuvor in sie hineingesteckt haben:
Die Idealisten waren keine Unternehmer.

Hegel : „Freiheit ist Einsicht in die Notwendigkeit"
der Mittel für eigene Zwecke.

Hegel : Aufgeschoben ist nicht vernichtet,
aufbewahrt und hochgehoben.

Marx? „Der Mensch macht seine Geschichte selbst,
aber nur unter der vorgefundenen Bedingung",
dass das eine Illusion ist.

Von Moses zu Marx : Von der Frage
nach den Geboten zu Angebot und Nachfrage.

Marx wollte die Welt nur verändert wissen,
bis zur Erkennbarkeit der Wahrheit.

Marx wollte nur das an der Welt interpretieren,
was an ihr zu ändern ist, und umgekehrt.

Marx und Freud streiten sich, ob wir erst Lebens-
mittel erzeugen oder einander zeugen müssen.

Laut Marx schafft jeder Mensch sich selbst —
seine Klassenfeinde.

Das Schlimmste an Nietzsche ist nicht sein Über-
mensch, sondern dass sich sein Leser dafür hält.

Warum gab es zwischen Platon und Sartre,
zweieinhalb Jahrtausende lang, keinen namhaften
Dichter und Denker in *einer* Person?

Cogito, ergo sum : Das ist zweifellos wahr –
im Mund von Descartes.

Sartre ist von Freiheit gefesselt. Wer frei ist wie Chesterton, sehnt sich nach Bindungen und Abhängigkeiten.

Romantiker zeigten, dass Sartres *Engagement* wie
Fichtes *Tathandlung* eher Imagination als Aktion war.

Stammen 200 Jahre nach Kant unsere kategorialen Ge-
genstandsformen aus den formallogischen Urteilsformen
von Russell statt von Aristoteles?

Dein Ich denkt, dein Bauch lenkt?
Descartes 1900: Mein Bauch denkt, also ist er mein Ich.
Descartes 2000: Mein Hirn denkt, also ist es mein Ich.

Wirst du nach Kant *empirisch* bestimmt von Dingen,
deren Erscheinungen du *transzendental* selbst bestimmst,
und produzierst du beeindruckende Waren,
die du dann selber kaufst?

Seit Kant können Erfahrungen nur gedeutet werden
durch Unerfahrbares.

Erkennen enthält weniger „Synthesis des sinnlich
Mannigfaltigen" *(Kant)* als sprachliches Auffächern
eines emotionalen Gesamteindrucks.

Kants drei Kritiken: Vorurteile der Theoretiker sind Axiome, der Praktiker Prinzipien und der Künstler Maximen.

Weder Platos Idee noch Kants *Ding an sich* erreicht unsere glänzendsten Erscheinungen.

Kant verging sich nicht am Idealisten,
als er sein *Ding an sich* drehte.

Bei Kants *Ding an sich* handelte es weniger um Schopenhauers als – um Gottes Willen.

Kants Mutter Natur macht eine glänzende Erscheinung
und hat nichts mehr von einem jungen Ding an sich.

Hielt Kant (wie Einstein) die Zeit für bloße Einbildung,
um die Kürze der Lebenszeit zu ertragen?

Frei nach Kant : „Es ist überall nichts in der Welt"
der Kunst „zu denken möglich, was ohne Einschränkung
für mittelmäßig könnte gehalten werden,
als allein der gute Wille" des Künstlers.

Kant untersuchte die Welt objektiv aus der Perspektive
aller möglichen Subjekte, nicht sich selbst aus seinem
oder dich aus deinem Blickwinkel.

Kant wird Herr über alle Erscheinungen, weil er Sklave
der Dinge an sich bleibt, aber wäre er Sklave der Erscheinungen, wenn er Herr über das Ding an sich würde?

Bestimmte Kant nur subjektiv, dass seine Subjektivität die
objektive Welt bestimmt, und weiß er objektiv, dass er die
Dinge nicht objektiv sieht? Es könnte mir ja nur so erscheinen, dass an sich nichts so ist, wie es mir erscheint.

A priori. Kant ließ sich von seinen Eindrücken
von vornherein nie tiefer beeindrucken
als ein Physiker von seinen Messdaten.

Doing by teaching. Vielleicht erscheint es Kant ja
auch nur so, als ob die Dinge ihm nur so erscheinen,
wie sie *an sich* nicht sind.

Wer einem Kant die asketische Moral vorwirft,
überwältigende Affekte abzuwehren, um Herr über
sich zu bleiben, ist meist noch stolzer auf den muti-
gen Extremsport, sich diesen Affekten auszusetzen.

Was wert wäre, erkannt zu werden, aber keiner
wert ist zu erkennen, nannte Kant *Ding an sich.*

Wirst du nach Kant *empirisch* bestimmt von Dingen,
deren Erscheinungen du *transzendental* selbst bestimmst,
und produzierst du beeindruckende Waren, die du dann
selber kaufst?

Hegel begriff Schlegels geistreiche Witze als gewitzte
Bruchstücke eines Universalwitzes, witzlos für Adorno.

Hegel : Wer sich vor Herrschern bückt, kann vom Grund
und Boden der Tatsachen alles dreifach aufheben.

Hegels Invektiven gegen Individuen und Aphorismen
gleichen denen gegen Frauen mit ihrer „Launenhaftigkeit,
Subjektivität und Zufälligkeit".

Marx 2000 : Das Sattsein bestimmt
das Bewusstlossein.

Den Verstand sah Schopenhauer im Dienst des Willens
und Freud im Joch der Triebe, also den Menschen klug
genug, sich von seiner Dummheit besiegt zu sehen.

Marx weiß nicht, wie kostbar die Dinge sind
ohne ihren Tausch- und Gebrauchswert.

Über Geist und Geld fällte Marx zu gebräuchliche
Tauschwerturteile.

Schopenhauer hatte eine willenlose Vorstellung
vom Unwillen der Welt.

Recht merkwürdig, dass Schopenhauer seinen
verhassten Willen vom geliebten Vater und sein geliebtes
Wissen von der verhassten Mutter geerbt haben wollte.

Der kranke Nietzsche hatte kein Mitleid,
da er keins wollte, oder umgekehrt.

Seit Nietzsche hat jeder einen Machtwillen
ohne (maskierenden) Bildungshunger
statt einen Wissensdurst ohne Machthunger.

Ein neuer Nietzsche ist heute weniger wahrscheinlich,
als ihn zu heilen. „Gott ist tot", sagt Nietzsche.
„Ja, ich weiß", sagt der Christ,
„Christus ist auch für ihn gestorben".

Wäre der kulturelle Überbau aus Einstein, Picasso und
Bach nur Reflex des wirtschaftlichen Unterbaus, müssten
wir Fabriken und Börsen unbedingt konservieren.

Utopie : Arbeitssklaven, die Platon und Adorno lesen
und schriftlich kommentieren.

Lieber Einsamkeit durch Adorno
als Gemeinschaft durch *Madonna*.

Nach Heidegger kann keiner nichts tun,
ohne das Nichts zu tun und Tat-Sachen zu vernichten.

Vor Heidegger war das Nichts gar nicht der Rede wert:
„Das ist alles – sonst nichts." Er schuf die Welt aus sei-
nem Nichts wie der Physiker aus hochenergetischen
Vakuumfluktuationen.

Kunst ist nicht Heideggers „Ins-Werk-Setzen der Wahrheit", sondern der unbewussten Unwissenheit,
seit unser Urwissen verloren ging.

Auch das Arbeiterkind Heidegger wollte endlich einmal
etwas „sein", aber wem?

Heideggers „Seyn" bleibt auf seinen vier Buchstaben
ewig sitzen.

Heidegger : Das Nichts sagt gleich alles,
wo das All nichts mehr besagt.

Die ganze Wahrheit über das Sein könnte
kein Heidegger sagen, sondern nur das Nichts,
und das hat auch bei ihm nichts zu sagen.

Wer gar nichts versteht, hat noch nicht Heideggers
Nichts verstanden, und wer es versteht,
hat eben nichts verstanden.

Heidegger ist ein Mensch so wenig in der Welt wie
die Welt in ihm, sondern sein „In-der-Welt-Sein"
ist ganz in ihm, aber das Weltsein-im-Menschen
ist nicht wieder in der Welt und von dieser Welt.

Wer das Leben nicht nur platonisch lieben will,
nimmt mittendrin an platonischen Ideen Maß,
um dann Mittelmaß abzugeben.

Nach Platon kopieren die scheinbaren Dinge
nur die unscheinbarsten.

Nietzsche pries die Sinnenlust,
indem er seine Leser verletzte.
Plato tröstete seine Hörer,
indem er die Geistesfreuden rühmte.

Linke kritisieren die Realität durch Utopien,
Rechte die Utopien durch Platos Ideen,
und die Mitte die Ideen durch die Realität.

Seit Descartes schien jeder Zweifel mit Gewissheit
über jeden Zweifel erhaben.

2000 Jahre von Sokrates bis Descartes :
Ich denke besser, also bin ich besser.

Nannte Kant seine zufällige Neigung,
der Pflicht alle Neigungen zu opfern,
notwendige Pflichterfüllung?

Kant 2000: In der Jugendzeit gibt es manche Dinge
für dich, auf dem Altenteil nur noch *Dinge an sich.*

Seit Kant steht der Mensch ganz unter dem Ein-
druck, den er auf alle Dinge macht.

Kant erforschte wenigstens ein menschliches
Hirn, das denken konnte.

Um Satan nicht zu beschwören,
zermalmte Kant keinen Teufelsbeweis.

Kant erklärte mich zum intelligiblen Gesetzgeber,
der sich zum empirischen Gesetzesbrecher macht.

In Kants Ideen war für seine Zeit schon zu wenig
und ist für unsere Zeit noch zu viel Gott.

Kant wandte das BGB an auf Wissen,
Willen und Kunst.

Dialektik : Hegel macht aus jedem Individuum viel
zu viel *Aufhebens*.

Hegel brachte System in den Geist,
Schlegel Esprit ins System.

Hegels Idee war ein trockener Witz
auf frühromantisch nassforschen Witz.

Marx 2020: Der Bürger hat nichts mehr zu verlieren
als seine Ladenketten.

Marx wollte Unerkennbares verändern,
bis Unveränderliches erkannt war.

Nach Marx will man die Welt nur noch
durch Veränderung interpretieren.

Besser Christmoral der „Schlechtweggekommenen"
als Nietzsches Amor(al) der Zugutwegkommenden.

Nietzsche : Sitzzwerg auf den Schultern
seines Übermenschen.

Auch Nietzsches Theorie, dass jede Theorie
unwahr sei und nur Macht ausüben wolle,
ist dann unwahr und will nur Macht ausüben.

Wittgenstein behandelt Probleme
wie ein Arzt seine chronischen Patienten.

Wer außer Sartre hat verdient, dass er das Leben hat,
das er verdient?

Sartre *: „Die Hölle, das sind die anderen "*
im Himmel.

Sokrates? Ist Tugend nur Wissen, dann war sein
bewusstes Unwissen nur unbewusstes Laster.

Dass Platon, Spinoza und Kant nur Spinner seien,
denkt der Spießer. Nietzsche bestätigte ihn nur.

In *da Vinci* siegte Athen über christliches Rom,
aber Euklids Mathematik über Platons Zahlen.

Ehen realisierten mit der Zeit immer
ideale platonische Liebe.

Ich will nicht so tief denken können wie Heidegger.
Ich habe höhere Ambitionen.

Demokrit dachte und lachte Tränen,
Heraklit meinte und weinte Tränen,
Platon trante oft lachhaft,
und *Kant* lachte sich gesund.

Materialismus : Plattfußnote zu Platon.

Descartes 2000. Ich habe genug Zweifel,
dass ich genug zweifle, also bin ich – nie sicher.

Descartes? *Je pense, je suis* bald tot.

Descartes : Ich denke nach, also bin ich vorn.

Kant 2000. Erstellen wir unsere Welt(bilder)
auch durch transzendentale Gefühlskategorien?
Wäre ein Kant der apriorischen Transzendental-
gefühle etwas zu emotional?

Kant : Behandle andere nie nur der Erscheinung
nach, sondern immer auch als *Dinge an sich* !

Absolute Priorität hatte bei Kant die Apriorität.

Kant sah mit eigenen Augen seine Augen
eine Weltanschauung anschauen.

Sah Kant von der Welt nur die Sehkraft
seiner Augen oder die Stärke meiner Brille?

Sah Kant Raum und Zeit an statt Körper darin
und die Logik jede Physik fundieren?

Kants Vernunft sprach viel von *Erfahrung,*
weil er weniger erlebte als ein Laborforscher.

Hegel : „Freiheit ist Einsicht in die Notwendigkeit",
dass andere gehorchen.

Irren ist menschlich. Dann ist Wahrheit mit
Nietzsche als unmenschlich zu bekämpfen.

Wittgenstein? Die Welt ist alles, was lieber ein freier
als ein hoffnungsloser Fall ist. Worüber man nicht
reden kann, das kann man nicht denken,
doch noch vertun.

Sartre? Dass du dein Leben immer neu erfindest,
hast du auch selbst erfunden.

Sartre now. Heureka: Ich hab mich neu erfunden!

Sartre recalled : condamné à fraternité-terreur?

Sartre : Zur Unfreiheit ist der Mensch begnadigt
oder unwahrhaftig begnadet.

„Ich weiß, dass ich nichts weiß." *(nach Sokrates)*
„Ich weiß, dass du nichts weißt."

„Die Dichter lügen zu viel", schrieb der Dichter
Plato und fing an zu denken.

Platon lehrte, dass ideale Ziele auf realen Wegen
nicht erreichbar sind, doch der himmlische Zweck
die irdischen Mittel heiligt.

Urbilder von Platons Philosophenkönigen : Affen.

Realismus : platonischer Materialismus.
Altruismus : platonische Eigenliebe.
Eigenliebe : platonische Selbstbefriedigung.
Was gilt, ist prinzipielles Gegenteil aller Prinzipien.

In der Höhle des Löwen gilt Platos Gleichnis wenig.

Descartes? Ich denke, also bin ich des Teufels.

Lieber sich selbst als die Welt zu verändern,
riet uns Descartes. Genforscher schaffen beides.

Sieh in den Spiegel :
Kants *Ding an sich* ist dahinter.

Sichtbares ist nach Kant der Schatten,
den das Augenlicht wirft.

Kant kämpfte nicht für die Freiheit, sich von seinen
Bedürfnissen beherrschen und von seinen Trieben
treiben zu lassen.

Kant sah der Mutter Natur direkt in sein Auge.

Auch ein Kant rechnete mit Menschen : Sein Verstand integriert, was seine Sinne differenzieren.

Seit Karl Marx sind Proletariermassen
zu Kleinbürgerschichten glänzend verelendet.

Marx stellte uns vom Kopf auf die Füße zurück,
damit uns die Hölle statt der Himmel zu Füßen liegt.
Doch Kopfstand macht noch keinen Idealisten.

„Lumpenproletarier", die Marx aus seiner
Leibklasse feuerte, lud Jesus in sein Himmelreich,
aus dem Mutter Kirche sie wieder vertrieb.

Nietzsches Wille zur Macht will gar nichts wissen.

Atheisten glauben an Nietzsches toten Gott,
der sie erlöst vom Gericht.

Der antiautoritäre Adorno war für die Studenten
eine Autorität. Das brach ihm zu früh das Herz.

Meldete Selbsterfinder Sartre sich als Patent
und Patentdenker an?

Gesundheit und Krankheit

Die *Sieben Todsünden* wurden Karrieretipps:
Hoffahrt – gesundes Selbstbewusstsein
Geiz – gesunde Sparsamkeit
Unkeuschheit – gesundes Liebesleben
Neid – gesunder Konkurrenzeifer
Maßlosigkeit – gesunder Selbsterhaltungstrieb
Zorn – gesunde Aggressionsabfuhr
Trägheit – gesund entschleunigte Gelassenheit

Berufung auf gesunde Instinkte ist nur ein schlechter
Kulturersatz, aber Kulturlosigkeit ein noch schlech-
terer Instinktersatz.

Früher beschimpften die Satten gesunden Hunger,
heute giften grüne Viertel gegen vergiftete Filets.

Psychiatrie besteht heute darin, dass uns wohl nur
Neurosen vor den Psychosen und nur Psychosen
vor stinknormaler Gesundheit bewahren können.

Krankheit ist die Gesundheit der Viren
und Mitmenschen in uns.

Je kranker einer ist, desto boshafter gegen andere
wäre er gewesen, wenn er gesund geblieben wäre.

Die Familie des Arztes bleibt nicht gesund, weil er
sie behandelt, sondern damit er sie nicht behandelt.

Für Psychotiker ist eine Neurose die Gesundheit,
für Neurotiker die Gesundheit eine Psychose.

Gesunder Menschenverstand ist die dichterische
Freiheit nüchterner Menschen.

Einsame neigen zu Krankheiten nicht,
weil sie die Gesellschaft von Bakterien suchen.

Der Krebs wuchert mit deinen Pfunden, und oft
schützt nur eine chronische Krankheit vor dem Tod.

Ein Arzt, der so gut ist, dass sein Wartezimmer
überfüllt ist, wird so schlecht, keinem Patienten
genug Zeit widmen zu können. Der schlechteste
Arzt ist oft der beste, er hat für seine Patienten
die meiste Zeit.

Wer eine Ader für Goldaderlass hat, ist noch kein Arzt.

Man muss kein Arzt sein, um das Gehirn eines Genies als bösartigen Tumor zu behandeln. (Hand aufs
Herz : Auch schon Fortschrittmacher eingesetzt?)

Ärzte können sagen, was sie wollen,
aber es gibt zu wenige Kreislaufstörer.

Immer ein Platz an der Sonne? Vorsicht, Hautkrebs!

Nur Herzlose bekommen Herzinfarkt.

Dein Infarkt ist zwar nur eine kleine Aufmerksam-
keit, kommt aber von Herzen deines Feindes.

Mancher liebt und lacht und weint sogar,
weil das gesund sein soll.

Ein hohler Kopf enthält nur noch
gesunden Menschenverstand.

Gegen die meisten Krankheiten hat der Arzt nichts.

Man ist nicht klug genug, seine geisteskranke
Dummheit zu sehen, doch nicht dumm genug,
seinen gesunden Menschenverstand zu übersehen.

Das Schönheitsideal hält weibliche Kurven
für ungesunde Fettpolster o. u.

Wer gesund ist, sagt, er hat nichts.
Und will doch kein Habenichts sein.

Gesundes Leben hat keinen Sinn –
für Fragen nach seinem Sinn.

Habe ich Glück oder Krebs?
Dem gesunden Menschenverstand
liegt die Wahrheit auch hier in der Mitte.

Mancher ist einfach zu blöd
für richtige Geisteskrankheiten.

Ist eine Wahrheit das Recht, ihre unbelehrbaren
Gegner geisteskrank zu schreiben?

Der Orgasmus ist die beste Maske des Todes.

Die Krankheiten des einen sind die Therapien
des anderen und umgekehrt.

Wer zu leicht eine Arznei nimmt,
nimmt seine Krankheit zu leicht.

Wer Arzt nicht würde für Gold,
würde es für saubere und heilende Hände.

Wann sind Maler Augenärzte, Musiker
Ohrenärzte und Autoren Nervenärzte?

Ewig lebten die Leute nur lange
vor aller modernen Medizin.

Medizin morgen : Weniger Gehirntumore
bei Leseratten und Bücherwürmern.

Metastasiert im Kunstwerk das Krebswachstum
innerer Gefängniszellen?

Es schadet der Gesundheit, etwas nur für die
Gesundheit zu tun, und ein Herzloser tut wenig
für sein Herz.

Im gesunden Körper ist Geist eine Krankheit
wie im gesunden Menschenverstand.

Körperlich fit und gesund bleibt man
für spätere Geisteskrankheiten.

Höre die Stimmen des Gewissens
und lass dich geisteskrank schreiben.

Tiefenpsychologie ist kein Umweg vom Krankenbett über Freuds Sofa ins Himmel- und Lotterbett.

Ich bin nicht geisteskrank,
ich könnte Bäume der Erkenntnis ausreißen.

Der Kranke hat keine Welt-, sondern eine Zimmer-
anschauung.

Wer noch zum Arzt gehen kann,
ist dafür noch nicht krank genug.

Drei Geisteskrankheiten der Moral : Der Wahn,
gut zu sein, die Manie, besser zu werden,
und die Depression, schlecht zu sein.

Die Arbeitswelt macht krank :
Der Klügere gibt nach.

Der Kopf schmerzt von Nebenwirkungen
der Seelen- und Naturheilmittel.

Ist gesund genug, um frei zu entscheiden, wer krank
genug ist, um sich töten (lassen) zu dürfen?

Ich bin so gesund,
dass ich sterbende Bäume ausreißen könnte.

Hemmungen und ein schlechtes Gewissen
zählen nun zu den Autoaggressionskrankheiten.

Kränkelnde Arbeitstiere halten den ganzen Betrieb
auf, reibungslos funktionierende sind geisteskrank.

Wer nicht Geist hat, wird nie geisteskrank, hofft man.

Gott ist tot? Erst mundtot gemacht, dann totgesagt,
dann totgeschlagen, dann totgeschwiegen –
und dann dein Totengräber.

Nur das einsamste Kunstwerk heilt die Einsamkeit
in der Gesellschaft.

Volle Tasche dämpft Todesangst heute besser
als leere Kirche.

Der Tod des Individuums vollzieht sich heute
auch durch Individualismus und Atomisierung.

Gottesfurcht : Gleichgewicht
von Lebensangst und Todesangst.

Sind alle Mächtigen tot,
ist der atheistische Tod noch genauso allmächtig.

Schlag die Zeit tot, die mit der Zeit dich totschlägt!

Künstler nehmen sich viel Zeit,
die ihrer Kunden totzuschlagen.

Komisch nur, dass es so viele Geisteskrankheiten
in sportlichen Körpern wie gesunden Menschenverstand von Genies in kränklichen Leibern gibt.

Muss man sterben,
weil man seine Zeit totgeschlagen hat?

Herren haben sich noch nie totgelacht.
Knechte hatten immer zu wenig Witz.

Das Leben geht weiter. Das Sterben noch weiter.
Tötet der Mensch auch, um sein Sterben zu üben?

Die Welt tötet durch Vitalität, Kunst macht lebendig
durch (Starren auf) Erstarrtes.

Artensterben erreicht leider nie Esel und Ameisen.

Zukunftshoffnung erlöst von Unsterblichkeit.

Ruhe war immer die beste Medizin.
Häufigste Nebenwirkung : Unruhe.

Der Kranke liest, weil er nicht leben kann.
Der Gesunde lebt, um nicht lesen zu müssen.

Ärzte halten uns nur Magen- und Darmspiegel vor.

Gesundheitsbewusstsein wurde zu einer noch nicht
anerkannten Geisteskrankheit.

Geisteskrank ist,
wer noch nach niemandem ganz verrückt war.

Neue Erfahrungen machen Hochbetagte
nur noch im Krankenhaus.

Man muss erst krank werden, um kein
krankmachendes Leben mehr führen zu können.

Einige macht die Weltflucht krank,
andere die Umweltsucht.

Irre heilen heißt, ihre fixen Ideen
durch die des Psychiaters zu ersetzen.

Sucht nach heiler Umwelt scheint unheilbar.

Der Krebs wuchert mit deinen Pfunden,
und oft schützt nur eine chronische Krankheit
vor frühem Tod.

Konnten Lotterbett, Krankenbett, Sterbebett
und Himmelbett einander jemals verdrängen?

Legale Sterbehilfe :
zu Tode langweilende Bücher.

Sind Massenmörder unsterblicher als Genies?

Couch kuriert Kranke, Beichte behandelt Böse.

Undankbare Gedanken, urgeteilte Urteile

Der Beweggrund deiner Handlungen ist
eher ein Grundbesitz als ein Wiesengrund.

Wer einer heissen Sache allzu gründlich auf
den kühlen Grund kommt, geht am Abgrund
ihrer Urursachen schnell zu(m) Grunde.

Einziger Beweisgrund von naseweisen
Behauptungen ist oft Selbstbehauptung durch
unbeweisbare Enthauptung nachweislicher Zweifler.

Grundlose Zweifel wecken oft begründete Dreifel.

Spielt ein Hintergrund sich in den Vordergrund,
bringt sich ein Hintermann auf Vordermann.

Grundbedürfnisse sind die Grundlagen
(und Niederlagen) unserer Grundsätze.

Ein Winzvirus mischte das Jahr 2020 mehr auf,
als alle Weltpolitik es je vermocht hätte.

Auch jeder Link zu linkischen Linken führte bisher
zum Unrechtsstaat.

Sei froh über jeden Prominenten, den du nicht
kennst, wie über jeden, den sonst niemand kennt.

Sex sells, complex tells. Du sagst nie, was du fühlst,
sondern was die Sprache dir perplex dazu diktiert.

Durchschaut das Individuum in Allgemeinbegriffen
die Allgemeinheit, für die es undurchsichtig bleibt?

Besonderes kann wohl erkannt,
Absonderliches nur anerkannt werden.

Der Nimmersatt hat keinen Bärenhunger auf Immer-
satt, aber das Reden vom „Nimmersatt" immer satt.

Gute Christen sind gut für vorbildliches Scheitern.

Amateure leben *dafür*, Profis *davon*. Der Prof(essor)
ist ein Profi, keine Liebhaber zu Profipromis macht.

Um zu meinem Vorbild zu taugen, musst du kein
vorbildliches Ebenbild deines eigenen Vorbilds sein.

Auch im Zickzack sind Zackige wie Zickige auf Zack
und zwacken die Zacken in der Krone wie zwecklose
Zecken im Pelz.

„Totalversager“ heißt, wer mir etwas ganz versagt.

Nur gerade so viel handeln, dass andere gehindert
werden, zu viel zu handeln.

Für Fatalisten ist es das ärgste Fatum, freien Willen
zu haben, also die Last der Verantwortung,
größer als die Last des Schicksals.

Wer dem Laub einen bläst,
bläst ihn auch jedem Urlaub.

Hungern auf Malz mit Salz im Hals
ist wie Lungern auf Balz mit Schmalz.

Der Beschränkte hat keine Tasse mehr im Schrank,
sondern nur Leichenhemden zu Windhosen.

Wird jedermann Biomüll in Sack und Asche
aus der schwarzen Unwertstofftonne?

Man beherrscht die Natur besser als ihre Sprache.

Hirnforscher fanden keinen einzigen Gedanken.

In der Vaterstadt kommt die Muttersprache zu Wort.

Man hat den Ellbogen raus noch im Todeskampf.

Erst ins Fegefeuer, dann im Höllenpfuhl ertrinken?

Liebe deine Toten! Du bist der nächste.

Durch die Tugend schimmert die Not
wie durch Jugend der Tod und durch Brot der Kot.

Wahrhaftigkeit nimmt Narrheit oft nur in Haft.

Freiheit : Vom Dieb zum Dichter *Genet,* vom Idioten
zum Genie *Flaubert,* vom Großbürger zum Maoisten
Sartre?

Alte, aus krummem Sargholz gemacht, krumme Din-
ger, auf krummen Holzwegen gemacht, die weinende
Flasche wird mit den Jahren immer weltstoffloser.

Wer positivistisch denkt, hat negative Laborwerte
und entwickelt kein Negativ von sich und der Welt.

Die Alchemie zwischen uns bestimmt dein Über-Ich.

Wer nichts sieht, knipst und filmt es.

Sagt ein Weltbild mehr als tausend Machtworte?

Das Lächeln der Mona Lisa wurde etwas lächerlich.

Ich denk erst anders, wenn man mein Hirn verändert.

Macht der Antichrist aus Paul wieder eine Sau?

Philosophie kommt dem Hintergedanken
der Hinterwelt auf den Vordergrund.

Man glaubt nichts mehr von dem, was man alles weiß

Wer erweist der Würde des Unmenschen letzte Ehre?

Binsenwahrheit ist nicht die Redefreiheit wert.

Wer sieht vor lauter Holzbalken vorm Kopf
die aphorismenverdächtigen Gedankensplitter?

Die Welt wurde in sechs Milliarden Jahren erschaffen
und in sechs Tagen erdacht.

Wie viele Jahre hast du Jesus schon überlebt,
und wirst du nach dem Tode zum Kunstwerk?

Eckt die Erdkugel inzwischen im Himmel an?

Sprachlose Vorschriften haben
ihre eigene Recht- und Geschichtsschreibung.

Unsere Mühlen malen langsam das All zu Quarks.

Die Unterernährten haben nun das Übergewicht.

Baulöwen in den Zoo oder zum Abschuss frei?

Führt die *Genesis* auf genealogische Genetik,
die deine Innenwelt im Innersten auseinanderhält?

Der Mund schielt aufs Schweigen,
das Auge gehorcht dem Unsichtbaren.

Kochkunst: Nektar und Weihrauch in Teufels Küche.

Sekundärliteratur zum Aphorismus

Gerhard Neumann (Hg.): „Der Aphorismus.
Zur Geschichte, zu den Formen und Möglichkeiten
einer literarischen Gattung", Darmstadt 1976

„Ideenparadiese. Untersuchungen zur Aphoristik
von Lichtenberg, Novalis, Friedrich Schlegel und
Goethe", München 1976

Peter Krupka: „Der polnische Aphorismus",
München 1976

Hans Peter Balmer; „Philosophie der menschlichen
Dinge. Die europäische Moralistik", Bern 1981

Harald Fricke: „Aphorismus", Stuttgart 1984

Gisela Febel: „Aphoristik in Deutschland und
Frankreich", Frankfurt/Main 1985

Klaus von Welser: "Die Sprache des Aphorismus",
Frankfurt/M. 1986

Heinz Krüger: „Über den Aphorismus
als philosophische Form", Frankfurt/M. 1988

Werner Helmich: „Der moderne französische
Aphorismus", Tübingen 1991

Stefan Fedler: „Der Aphorismus. Begriffsspiel zwischen Philosophie und Poesie", Stuttgart 1992

Paul Geyer / Roland Hagenbüchle: „Das Paradox", Tübingen 1992, Würzburg 2002²

Thomas Stölzel: „Rohe und polierte Gedanken. Studien zur Wirkungsweise aphoristischer Texte", Freiburg 1998

Lada Lubimova: „Struktur und Funktion des Aphorismus : eine textlinguistische Studie", Bremen 1998

Robert Zimmer: „Die europäischen Moralisten", Hamburg 1999

Michael Esders: „Begriffs-Gesten. Philosophie als Kurze Prosa von Friedrich Schlegel bis Adorno", Frankfurt/Main 2000

Rüdiger Zymner: „Aphorismus", In: Kleine literarische Formen in Einzeldarstellungen, Stuttgart 2002

Friedemann Spicker: „Kurze Geschichte des deutschen Aphorismus", Tübingen 2007

„Die Welt ist voller Sprüche. Große Aphoristiker im Porträt", Bochum 2010

Andreas Egert: „Der Fall Aphorismus. Zur Genese und Aktualität einer Gattung", Dresden 2015